Henning Sabo · Verdichtungen

HENNING SABO

Verdichtungen

2013 · 1/4

edition kEin zWeites

Wenn die Wahrheit nicht aufsteht,
Kann die Lüge sich setzen.

Der beste Weg hinaus:
Nicht hinein.

Das schnellste Beenden:
Nicht beginnen.

In das Neue
Führen keine alten Wege.

Wir halten uns gefangen
In unserem Bedingen.

Das sind die Fallen, die wir uns stellen,
Um nicht mehr daraus entkommen zu können.

Möglich ist,
Was wir für möglich halten;

Unmöglich jenes,
Dem wir die Möglichkeiten vorenthalten.

Mit etwas fortzufahren,
Das ins Verderben führt,
Ist kein Fortschritt,
Sondern ein Fehltritt.

Wenn Menschen
Für ein besseres Leben kämpfen,
Dann nicht mit dem Ziel,
Ihr Gefängnis endlich niederzureißen
Oder es – für immer – zu verlassen,
Sondern um es sich darin
Ein wenig gemütlicher zu machen.

Sie haben
Keine Zeit.

Sie haben sie
Vergeudet.

Wer den Beginn seines Lebens
Auf morgen verschiebt,
Hat sich für heute
Für tot erklärt.

Wir halten uns auf,
Statt uns gehen zu lassen.

Wir wollten stets:
Vermeiden.

Schließlich und endlich
War uns Erfolg beschieden:

Wir hatten vermieden,
Zu leben.

Du hast dein Leben
Nicht erhalten,
Das eines anderen
Zu führen.

Du hast dein Leben
Nicht bekommen,
Es in ein nächstes
Zu verdrängen.

Zu suchen »immerfort«
Schenkt deinem Finden:
Keinen Ort.

Seinen Vorteil
Sucht man nur dort,
Wo einen Nachteil man erfunden hat.

Gewinnen
Ist stets auf Kosten
Von anderen;

Auf einen Gewinner
Kommen immer
Unzählige Verlierer.

Das Leben als Ware anzusehen,
Ist die gröbste Form der Verwahrlosung.

Hört endlich auf, zu verkaufen –
An den, der am meisten bezahlt!

Fangt endlich an, zu vergeben –
An den, der gewissenhaft nutzt!

Billig
Kommt teuer –
Irgendwann:

Immer!

Wie arm
Wäre die Zeit,
Wäre sie Geld.

Wann hören wir endlich auf,
Uns nur als Schuldner anzusehen?
Wann fangen wir endlich an,
Uns bloß als Menschen zu erkennen?

Wann hören wir endlich auf,
Uns etwas verkaufen zu wollen?
Wann fangen wir endlich an,
Uns ganz einander hinzugeben?

Nicht meinen Unterhalt
Dem deinen entgegen bestreiten,
Sondern gemeinsam den Boden
Füreinander bereiten.

Reden über etwas,
Das keiner Rede wert ist;

All jenes behaupten,
Was nicht und niemals haltbar ist;

Ein Leben verschwenden,
Das wir nicht haben, das nicht das unsere ist;

Und eben das zerstören,
Was unverzichtbar und die Basis von allem ist.

Menschlich?
Unmenschlich?

Ein Mangel kann nur dort entstehen,
Wo wir uns etwas vorenthalten;

Sind wir der Fülle ganz ergeben,
Darf sich Vollkommenheit erleben.

Haben wir keine Geduld,
Zu kauen,
Besteht auch keine Notwendigkeit,
Zu essen.

Worauf wir bestehen,
Es wird zu jenem werden,
Wodurch wir fallen.

Die größten Verwüstungen
Werden stets geschaffen –

Im Namen des Höchsten
Und auf der Suche nach Paradiesen.

Was immer
Wir auch verteidigen –

Es ist nicht
Unser Frieden.

Dass jeder ein Recht hat,
Nimmt keinem ein Recht weg;

Dass jeder im Recht ist,
Setzt niemand ins Unrecht.

Mancher muss irre Wege gehen,
Um nicht in die Irre zu gehen.

Mancher muss auf Irrtümer bauen,
Um nicht in den Irrtum zu fallen.

Mancher muss sich in Irrsinn kleiden,
Um keinen Irrsinn zu erleiden.

Mancher muss irre erscheinen,
Nicht irre zu werden.

Den Baum zu verarzten,
Wird ihn nicht heilen,
Ist das, was ihn vergiftet,
Die Erde, in der er wurzelt.

Eine Weile nach dem Start meldete sich der Pilot.
Wir flögen jetzt mitten über dem Ozean,
Und um eines der Ufer zu erreichen,
Bräuchten wir die zehnfache Menge an Kerosin,
Die wir geladen hätten.
Wir müssten uns aber keinerlei Sorgen machen,
Denn in der ersten Klasse säßen hochrangige Vertreter
Aus Wirtschaft und Industrie, aus Politik und Wissenschaften,
Die die Lage vollkommen im Griff
Und bis dahin gewiss eine Lösung gefunden hätten.

Kurze Zeit später löschte das Licht bis auf die Notbeleuchtung,
Die Namen bekannter Schauspieler kündigten den Beginn
Eines spannenden Actionfilms an
Und eine der Stewardessen fragte mich mit einem Lächeln:
»Darf ich Ihnen etwas zu trinken bringen?«

Wer an Einsicht und Vernunft als verlässliche menschliche Fähigkeiten glaubt, der begebe sich einmal an eine Straße, für die eine Geschwindigkeitsbegrenzung gilt.

Hier in der Nähe gibt es eine Autobahnbrücke, die seit vielen Monaten restauriert wird, während der Verkehr auf ihr uneingeschränkt weiter läuft. Nicht ganz uneingeschränkt, denn die Höchstgeschwindigkeit wurde seitdem – durch entsprechende Schilder sowie Markierungen auf den Fahrbahnen angezeigt – auf 60 Kilometer in der Stunde begrenzt. Auf jeder Seite der Brücke stehen zudem große Schilder-Wände, auf denen mit der Aufschrift »Sie fahren oben, wir bauen unten« zusätzlich für die Einhaltung dieser Höchstgeschwindigkeit geworben wird. Die Fahrzeugführer jedoch scheinen dem keine rechte Beachtung zu schenken, denn die meisten Wagen fahren mit deutlich höherer Geschwindigkeit, als erlaubt und erbeten.

Inzwischen steht am Anfang der einen Brückenseite zwischen den Fahrbahnen eine dunkle Säule. Sie dient der stationären Geschwindigkeits-Überwachung und erlaubt die gleichzeitige Erfassung von mehreren Fahrzeugen auf mehreren Spuren in verschiedenen Richtungen. Sie ist, und das hat seinen Grund, durch den Hersteller »vandalismusgeschützt« ausgestattet, unter anderem versehen mit einer Alarmanlage und einem schusssicheren Gehäuse.

Die Fahrer, die diese Säule bereits kennen, verringern kurz zuvor das Tempo unter das erlaubte Limit und beschleunigen unmittelbar danach wieder kräftig. Die, die sie noch nicht kennen und aufgrund zu hoher Geschwindigkeit geblitzt werden, ein Bußgeld und eine Verwarnung bekommen, die werden in Zukunft wohl ebenso verfahren. Und die, die sie noch nicht kennen, ihre Funktion aber im letzten Moment noch begreifen, steigen nicht selten voll auf die Bremse, und so kommt es immer wieder zu heftigen Auffahrunfällen an dieser Stelle.

Darum also: Wer an Einsicht und Vernunft als verlässliche menschliche Fähigkeiten glaubt, der begebe sich einmal an eine Straße, für die eine Geschwindigkeitsbegrenzung gilt.

GUTE GESCHÄFTE oder IM VORTEIL

Käufer und Verkäufer lächeln.
Beide im Glauben, den anderen
Übervorteilt zu haben.

DER FISCHER SPRICHT

Früher hat das gemeinsame Rudern
All jene Rhythmen vorgegeben,
Aus denen unsere Lieder entstanden.

Doch seit die Schiffe Motoren haben,
Ist das Singen verstummt,
Sind die Lieder gestorben.

NACHRICHT / VORRICHT

Über 80 % der US-Amerikaner
Sind prinzipiell damit einverstanden,
Dass ihr Geheimdienst
Einen Menschen präventiv tötet.

Dies aber nur dann,
Sofern es sich bei diesem nicht selbst
Um einen US-Amerikaner handelt.

Meine italienischen Nachbarn

Wenn sie – in ihrer Sprache – miteinander reden,
Dann scheint es mir sehr oft,
Als ob sie miteinander schimpfen.

Doch wenn sie miteinander schimpfen,
Dann sprechen sie Deutsch.

NICHT VON HIER

»Wie geht es deiner Frau?«, frage ich einen Bekannten.
Er erwidert, sie habe noch immer keine Arbeit gefunden.

Ich frage meine Mutter: »Was hast Du noch vor in diesem
Leben?«
Sie zählt mir die Termine auf der nächsten zwei Wochen.

Ich lese meine Gedichte auf einer Veranstaltung.
»Sie sind nicht von hier, oder?«, ist die einzige Rückmeldung.

ERWACHSEN

»Wenn ich groß bin …«,
Fantasiert das kleine Kind;

»Du bist nicht groß!«,
Belehrt das große Kind.

Junges Mädchen (1)

Begehrenswert
Willst du erscheinen –

Zu fühlen dich

Geliebt.

JUNGES MÄDCHEN (2)

Wie selbstverständlich sie ist,
Was sie nicht ist.

Und ihr Lächeln
Ist wie ein Schatten,

Der sie befällt.

UNERZÄHLTE GESCHICHTEN (1)

Die Geschichte eines Mannes,
der, vor einem Spiegel sitzend,
sein Spiegelbild nicht aus den Augen lassend,
darauf wartet, dass dieses sich zuerst bewegt,
um ihm zu beweisen, dass er dennoch Erster ist.

Unerzählte Geschichten (2)

Die Geschichte eines Mannes,
der, seine Wohnung nicht mehr verlassend,
auf die Ausstrahlung eines Hörspiels wartet,
das in Rückblenden sein Leben erzählt.

UNERZÄHLTE GESCHICHTEN (3)

Die Geschichte eines Mannes,
der, seinen alltäglichen Gang gehend,
in seinen Bewegungen immer langsamer wird,
bis er schließlich regungslos stehen bleibt
und wie in sich selbst erstarrt.

UNERZÄHLTE GESCHICHTEN (4)

Die Geschichte eines Mannes,
der, unendlich müde allen Verstellens,
vom einen auf den andren Augenblick
nun ganz er selbst ist und nur noch liebt.

UNERZÄHLTE GESCHICHTEN (5)

Die Geschichte eines Mannes,
der, frierend, auf einem winzigen Bahnhof steht
und auf die Ankunft eines Zuges wartet,
der ihn endlich von hier fort bringen wird.

Auf der Anzeigetafel ist keinerlei Zeit angegeben,
weder die eines Ankommens noch die eines Abfahrens,
und im Feld für den Zielbahnhof steht nur ein einziges Wort:
»Zugdurchfahrt«.

In unregelmäßigen Abständen
ist über den Lautsprecher die Durchsage zu hören:
»Achtung an Gleis 1, ein Zug fährt durch!«,
bevor mit großer Geschwindigkeit ein Zug heranrast
und ratternd an ihm vorbeirauscht,
um dann im rhythmischen Poltern der Schwellen
wieder schnell im dämmernden Nichts zu entschwinden.

Unerzählte Geschichten (6)

Die Geschichte eines Mannes,
der, unzählige Kontaktanzeigen aufgebend,
alle Zuschriften sammelt, ordnet und archiviert,
und sie immer wieder von Neuem liest,
aber auf keine jemals antworten wird.

Unerzählte Geschichten (7)

Die Geschichte eines Mannes,
der, aufgrund seiner Begegnungen des Tages,
an jedem Abend bis tief in die Nacht
ein neues, detailliertes und wohl formuliertes,
gerechtes und sehr berechtigtes Testament verfasst.

UNERZÄHLTE GESCHICHTEN (8)

Die Geschichte eines Menschen,
der, aus Angst um sein Leben
und um der vorwärts drängenden Seuche zu entkommen,
unumwunden aus jeder Stadt flieht,
in der sie gerade eben erst ausgebrochen ist und um sich greift;
ohne zu ahnen, dass er selbst ein schon längst Immuner ist,
aber den Erreger beständig mit sich führt.

Unerzählte Geschichten (9)

Die Geschichte eines jungen Mannes,
der, aus seinem Elternhause ziehend,
sich eine leere Wohnung mietet,
und dort, am Ende einer dunklen Kammer,
ganz versteckt ein altes Fotoalbum findet,
mit lauter Bildern, auf denen er selbst
als greiser Mann zu sehen ist.

Unerzählte Geschichten (10)

Die Geschichte eines Kindes,
das seine sterbende Mutter bittet,
doch noch so lange zu bleiben,
bis es versteht.

UNERZÄHLTE GESCHICHTEN (11)

Die Geschichte eines Mannes,
der, sein kleines Boot besteigend,
nur schnell ans andere Ufer des schmalen Flüsschens
    übersetzen will,
doch je mehr er rudert, umso breiter wird der Fluss,
und je weiter er kommt, umso weiter zieht sich das Ufer
    zurück;
und er rudert und rudert und rudert,
bis er gänzlich allein auf einem weiten, offenen Ozean
und kein Ufer mehr zu sehen ist,
weder das, von dem er sich abgestoßen,
noch jenes, das er zu erreichen suchte,
noch irgendein anderes.

Unerzählte Geschichten (12)

Die Geschichte eines Mannes,
der, von einer kurzen Reise nach Hause zurückkehrend,
an seinem Klingelschild einen fremden Namen findet,
in seiner Wohnung Möbel, die nicht die seinen sind,
eine Frau, die er noch nie gesehen hat,
die ihn aber mit »Hallo, Liebling!« begrüßt,
und ein ihm völlig fremdes Kind,
das ihm »Papa, Papa!« zurufend entgegen kommt.

UNERZÄHLTE GESCHICHTEN (13)

Die Geschichte eines Mannes,
der, ein Fanal setzen wollend,
beschließt, in Gesellschaft nur noch zu schweigen,
und selbst auf wiederholtes Fragen nach den Gründen
keinerlei Antwort zu geben;
dies aber schon bald wieder beendet
und sich in seine Selbstgespräche zurückzieht,
da niemand sein Schweigen bemerkt haben wird.

HÖHERE MATHEMATIK oder VERRECHNUNG

Als ich nicht mehr damit rechnete,
Erreichte mich die Lösung,
Die ich einst errechnete.

UNVEREINBARE VEREINBARUNGEN

Pfadfinder, die nach dem Weg suchen.

Unkraut, das ins Kraut schießt.

Ein Wesen, das sein Unwesen treibt.

Ein Unhold, der einer Holden hold ist.

Vermögen, das durch Unvermögen erwirtschaftet wird.

Unglaubhaftes, das als Glaube haften bleibt.

Ungehorsam, der einer Hörigkeit gehorcht.

Unerhörtes, das allen zu Ohren gekommen ist.

Unvermeidbares, das sich zu vermeiden sucht.

Unwägbares, das abgewogen wird.

Unwirksames, das ein Umdenken bewirkt.

Gelegenheiten, die gerade ungelegen kommen.

Aberglaube, der durch Glauben glaubhaft wird.

Aufmerksamkeit, die unaufmerksam gegenüber dem Augenblick ist.

Unverwandtes, das sich familiär gibt.

Unverwandtes, das Familienanschluss sucht.

Nahe Verwandte, die sich entfernt haben.

Nahe Verwandte, die entfernt wurden.

Selbstverwirklichung, die sich verwirkt hat.

Selbstbewusstsein, das durch Selbstlosigkeit selbstverständlich wird.

Unverwechselbares, das umsonst vor der Wechselstube wartet.

Pfadfinder, die nach dem Weg fragen.

Männer,
Die in Straßen-Cafés sitzen …

Das Einzige,
Was sie aus sich heraus wohl tun,
Ist: schwitzen.

In der Wohnung, in der ich gerade logiere, stehen zwei Shampoos im Badezimmer. Auf dem einen ist zu lesen: »SCHWERELOSE PFLEGE« (in der Tat in Großbuchstaben, was den Worten zwar Gewicht, aber eben auch Schwere gibt). »Verleiht Fülle, ohne zu beschweren«, steht auf dem anderen.

Nun frage ich mich ernsthaft, ob da bisher etwas meiner Aufmerksamkeit entgangen ist. Lag es vielleicht am Gewicht meiner Kopfhaare, dass ich ab und zu meinen Kopf hängen ließ? Steckt letztlich Niedertracht in jeder Haartracht? Etwas, das mich herunterzieht und mich beschwert? Ist zu volles Haupthaar womöglich die Hauptursache dafür, sich belastet und bedrückt zu fühlen? Besteht am Ende gar ein Zusammenhang zwischen Haarvolumen und Depressionen? Ist die Fülle, die ich erfahre, nichts als eine Last, unter der ich leide? Versinnbildlicht durch die Fülle meiner Haare, die der Erdenschwere unterliegen und permanent ihrer Anziehung folgen? Und könnte mich das rechte Shampoo endlich davon befreien und erlösen, seine Benutzung mich also tatsächlich erleichtern? Wird es so auch meine Gedanken erheben und meinen Kopf zu den Wolken tragen?

Ich hätte also nun die Möglichkeit, es jetzt und hier einmal auszuprobieren. Wie auch immer, dies auf jeden Fall könnte ich zu meinem Lebens-Motto machen:

»Verleihe dir Fülle, ohne dich zu beschweren!«

Draußen spielen Vater und Sohn Federball.
Einen roten mit roten Federn.
In meinem Fensterausschnitt kann ich sie nicht sehen.
Ich sehe immer nur den roten Federball
Von rechts nach links und von links nach rechts fliegen.

Ein Mann kommt mir entgegen, in der einen Hand einen kleinen Ball, offenbar für Kinder, in der anderen Hand einen großen Apfel, schon etwas abgegessen.

Ein kleiner Ball, ein großer Apfel, sie haben beide die gleiche Größe, deshalb fällt es mir besonders auf und gibt dem ganzen Ensemble – Mann, Ball, Apfel – eine witzige Note.

Sie sind aber nicht von gleicher Farbe, denn der Ball ist blau, der Apfel rot. Und seltsam, an die Farbe des Mannes (seiner Hose, seines Hemdes) kann ich mich nicht mehr erinnern, nur daran, dass sein Bauch kugelrund war; so wie der eines Balles – oder der eines Apfels.

Heute, auf dem Weg zum Zahnarzt, nachdem ich mich in der Straßenbahn auf einen Sitz gesetzt hatte, entdeckte ich vor mir auf dem Boden eine Kunststoff-Münze; eine von jenen, um sich damit – statt mit einem 1-Euro-Stück – in den Supermärkten einen Einkaufswagen»auszuleihen«. Obwohl ich einen solchen Wagen selten benutze und auch bereits einige dieser Münzen besitze, hob ich sie dennoch auf und steckte sie in meine Jackentasche.

Beim Zahnarzt angekommen, konnte ich mich sofort auf den Behandlungsstuhl setzen, war aber auch schon nach wenigen Minuten wieder entlassen, denn außer ein wenig Zahnstein entfernen und Mund ausspülen war bei mir nichts weiter vorzunehmen. Als ich wieder zur Haltestelle ging, entschied ich mich ganz spontan, nicht wie geplant in die Stadt zu fahren und noch Weiteres zu erledigen, sondern erst einmal wieder nach Hause zurückzukehren.

Wieder in der Straßenbahn, hörte ich neben mir plötzlich ein Klimpern auf dem Boden. Es war ein 1-Euro-Stück und der älteren Frau mir gegenüber wohl mit aus der Jackentasche gefallen, als sie das Stofftaschentuch daraus hervorgezogen hatte, mit dem sie sich jetzt gerade die Nase putzte. Sie selbst schien davon nichts bemerkt zu haben und so hob ich die Münze auf, reichte sie ihr und sagte:»Die haben Sie verloren.« Sie bedankte sich etwas umständlich und erklärte, wie zur Entschuldigung:»Die brauche ich für den Einkaufswagen.«

Das erinnerte mich wieder an die Kunststoff-Münze; ich holte sie aus meiner Jackentasche, überreichte sie ihr und sagte:»Hier, nehmen Sie die, dann brauchen Sie dafür kein Geld einzustecken.« Sie war sehr überrascht, bestaunte sie und verglich sie mit ihrem Euro; sie wusste wohl nichts von solchen Ersatz-Münzen und schien tatsächlich zum ersten Mal eine solche zu sehen. Und erst, als ich ihr versicherte, dass ich noch mehrere solcher Münzen habe, war sie bereit, sie anzunehmen und sie ebenfalls einzustecken.

Ich hätte gerne noch geschrieben, dass wir uns freundlich und mit einem wissenden Lächeln voneinander verabschiedeten, aber als sie – eine Station vor der meinen – aufstand und ging, sagte sie kein Wort und sah mich auch nicht an.

Ich sitze am Flughafen auf einem Fernbahnhof zwischen zwei Autobahnen, und höre plötzlich Vogelzwitschern.

Wie ist das mit dem Trauen der Ohren?

Dann »sehe« ich, dass die Geräusche aus einem Smartphone kommen, das eine Mutter ihrer kleinen Tochter vor die Augen hält und in dem ein winziger Trickfilm läuft.

Willkommen in der virtuellen Welt!

Ich habe etwas Aufenthalt in einem kleinen Bahnhof, der nur aus zwei Bahnsteigen und drei Gleisen besteht.

Über jedem der Bahnsteige hängt eine Uhr, und mir fällt auf, dass diese nicht exakt übereinstimmen und also nicht die gleiche Zeit anzeigen.

Während die eine gerade eine Minute weiter gesprungen ist und nun bereits 12 Uhr anzeigt, ist es auf der anderen erst in 10 Sekunden soweit.

Könnte es, je nach Situation, also von Vorteil sein, hier einen Gleiswechsel vorzunehmen?

Ein Mann, einen großen Kopfhörer im Nacken, geht aus dem Großraumabteil in den Gang, offenbar in der Absicht, die Toilette zu suchen. Er geht unmittelbar an ihr vorbei, ohne sie zu sehen, sucht sie dann unmittelbar dahinter, ohne sie zu finden, gibt auf und geht schließlich in den nächsten Wagen.

Ein Mann, überrascht, dass der Zug nun schon in seinen Aussteigebahnhof einläuft, schultert schnell seinen riesigen Rucksack und hat keine Zeit mehr, an sein Nackenkissen zu denken, es abzunehmen und einzupacken, sodass es jetzt zwischen Hals und Rucksack liegen bleibt und so, von ihm wohl vergessen und unbemerkt, mit ihm aussteigt.

Mutter und Tochter, die die Armlehne zwischen ihren Sitzen hochgeklappt haben, haben zwischen ihren Köpfen ein kleines Kissen liegen, darauf ihre Gesichter, einander zugeneigt, nun lehnen und ruhen.

Welch ein friedliches Bild, wie sie da jetzt schlafen.

In diesem Zug waren an den Kleiderhaken mit je einem Band eine ganze Reihe einzelner Zeitschriften aufgehängt. Während der ganzen Fahrt habe ich fasziniert zugeschaut, wie sie sich gleichzeitig hin- und herbewegten, manche in den gleichen, manche in verschiedenen Rhythmen.

Eine Reisende

Sie scheint sympathisch zu sein –
Doch dann zündet sie sich eine Zigarette an.

EIN REISENDER

Oh, schreibt er auch Gedichte?
Nein, nur Termine.

Hinter dem Zaun
Werden schon die neuen Häuser hochgezogen.

Am Zaun selbst hängt noch immer das Schild:
»Abbruchunternehmen …«.

Beim Vorüberfahren mit dem Zug
Lese ich über der Halle einer Autowerkstatt das Schild:
»Dialogannahme«.
Das finde ich gut.

Das werde ich übernehmen
Und ab jetzt über meine Wohnungstür schreiben
Und als Betreff in meinen E-Mails nennen:
»Dialogannahme«.

Manchmal, da möchte ich
In diesen Großraumwagen rufen:
Klappe halten!

Und beten einen stillen Fluch:
Funklöcher aller Länder –
Vereinigt euch!

Mein Traumberuf:
Wolken-Schauer.

Kein platzender Regen!
Ein stiller Betrachter …

Mein Traumberuf:
Wolken-Schauer.

Ich bin kein Genießer,
Doch ein Genießender.

Ich genieße Sein und Leben,
Nicht die Erfüllung von Bedingungen.

Ein wahrhaftiger Genießender
Braucht weder Mittel noch Genuss;

Er genießt, zu sein,
Und er genießt, was ist.

Ich habe es
Mir zur Gewohnheit werden lassen,
Mir nichts mehr zur Gewohnheit zu machen.

Ach –
Hatte mir doch vorgenommen,
Mir nichts mehr vorzunehmen …

Weil ich glaube, sie zu kennen,
Glaube ich an die Menschen.

Weil ich glaube, sie zu kennen,
Glaube ich nicht an die Menschen.

Ich schaue umsonst
Bei den Stellenanzeigen:

Ein Mensch
Wird nicht gesucht.

MENSCHEN

Es gibt Menschen.
Es gibt keine Afghanen, keine Ägypter,
keine Albaner, keine Algerier,
keine Andorraner, keine Angolaner,
keine Antiguaner, keine Äquatorialguineer,
keine Argentinier, keine Armenier,
keine Aserbaidschaner, keine Äthiopier,
keine Australier.
Es gibt Menschen!
Es gibt keine Bahamaer, keine Bahrainer,
keine Bangladescher, keine Barbadier,
keine Barbudaer, keine Belgier,
keine Belizer, keine Beniner,
keine Bhutaner, keine Bolivianer,
keine Bosnier, keine Botsuaner,
keine Brasilianer, keine Briten,
keine Bruneier, keine Bulgaren,
keine Burkiner, keine Burunder.
Es gibt Menschen!
Es gibt keine Chilenen, keine Chinesen,
keine Costa-Ricaner.
Es gibt Menschen!
Es gibt keine Dänen, keine Deutschen,
keine Dominicaner, keine Dominikaner,
keine Dschibutier.
Es gibt Menschen!
Es gibt keine Ecuadorianer, keine Engländer,
keine Eritreer, keine Esten.
Es gibt Menschen!
Es gibt keine Fidschianer, keine Finnen,
keine Franzosen.
Es gibt Menschen!
Es gibt keine Gabuner, keine Gambier,

keine Georgier, keine Ghanaer,
keine Grenader, keine Grenadiner,
keine Griechen, keine Guatemalteken,
keine Guinea-Bissauer, keine Guineer,
keine Guyaner.
Es gibt Menschen!
Es gibt keine Haitianer, keine Honduraner.
Es gibt Menschen!
Es gibt keine Inder, keine Indonesier,
keine Iren, keine Isländer,
keine Israelis, keine Italiener,
keine Ivorer.
Es gibt Menschen!
Es gibt keine Jamaikaner, keine Japaner,
keine Jemeniten, keine Jordanier.
Es gibt Menschen!
Es gibt keine Kambodschaner, keine Kameruner,
keine Kanadier, keine Kap-Verdier,
keine Kasachen, keine Katarer,
keine Kenianer, keine Kirgisen,
keine Kiribatier, keine Kolumbianer,
keine Komorer, keine Kongolesen,
keine Kosovaren, keine Kroaten,
keine Kubaner, keine Kuwaiter.
Es gibt Menschen!
Es gibt keine Laoten, keine Lesother,
keine Letten, keine Libanesen,
keine Liberianer, keine Libyer,
keine Liechtensteiner, keine Litauer,
keine Lucianer, keine Luxemburger.
Es gibt Menschen!
Es gibt keine Madagassen, keine Malawier,
keine Malaysier, keine Malediver,
keine Malier, keine Malteser,
keine Marokkaner, keine Marshaller,

keine Mauretanier, keine Mauritier,
keine Mazedonier, keine Mexikaner,
keine Mikronesier, keine Moldawier,
keine Monegassen, keine Mongolen,
keine Montenegriner, keine Mosambikaner,
keine Myanmaren.
Es gibt Menschen!
Es gibt keine Namibier, keine Nauruer,
keine Nepalesen, keine Neuseeländer,
keine Nicaraguaner, keine Niederländer,
keine Nigerianer, keine Nigrer,
keine Nordkoreaner, keine Norweger.
Es gibt Menschen!
Es gibt keine Omaner, keine Österreicher.
Es gibt Menschen!
Es gibt keine Pakistaner, keine Palästinenser,
keine Palauer, keine Panamaer,
keine Papua-Neuguineer, keine Paraguayer,
keine Peruaner, keine Philippiner,
keine Polen, keine Portugiesen,
keine Puerto-Ricaner.
Es gibt Menschen!
Es gibt keine Ruander, keine Rumänen,
keine Russen.
Es gibt Menschen!
Es gibt keine Salomonen, keine Salvadorianer,
keine Sambier, keine Samoaner,
keine San-Marinesen, keine Saudi-Araber,
keine Schotten, keine Schweden,
keine Schweizer, keine Senegalesen,
keine Serben, keine Seycheller,
keine Sierra-Leoner, keine Simbabwer,
keine Singapurer, keine Slowaken,
keine Slowenen, keine Somalier,
keine Spanier, keine Sri-Lanker,

keine Südafrikaner, keine Südkoreaner,
keine Sudanesen, keine Surinamer,
keine Syrer.
Es gibt Menschen!
Es gibt keine Tadschiken, keine Taiwaner,
keine Tansanier, keine Thailänder,
keine Tibeter, keine Timorer,
keine Togoer, keine Tongaer,
keine Trinidader, keine Tschader,
keine Tschechen, keine Tunesier,
keine Türken, keine Turkmenen,
keine Tuvaluer, keine Tuwiner.
Es gibt Menschen!
Es gibt keine Ugander, keine Ukrainer,
keine Ungarn, keine Uruguayer,
keine US-Amerikaner, keine Usbeken.
Es gibt Menschen!
Es gibt keine Vanuater, kein Vatikaner,
keine Venezolaner, keine Vietnamesen,
keine Vincenter.
Es gibt Menschen!
Es gibt keine Waliser, keine Weißrussen,
keine Zentralafrikaner, keine Zyprer.
Es gibt Menschen!
Es gibt keine Staaten, keine Völker,
keine Nationen,
keine verschwundenen, keine vergangenen,
keine vergessenen,
keine werdenden, keine kommenden,
keine bleibenden.
Es gibt Menschen.

MENSCHEN

Die Sehnsucht, zu berühren;
Die Furcht, berührt zu sein.

ERKENNEN

Heute sah ich zwei Menschen.
Sie schauten sich für Augenblicke an
Und entschieden dann,
Einander lächelnd zu begrüßen.

Nachdem sie nach wenigen Worten festgestellt hatten,
Dass sie einander nicht unbekannt waren,
Versuchten sie herauszufinden,
Warum und woher sie sich kannten.

Sie fragten nach Orten und Zeiten,
Nach Freunden und Berufen,
Nach Selbstverständlichkeiten und Besonderheiten.
Sie hörten nicht auf, einander zu ergründen
Und immer tiefer in die Welt des anderen zu dringen.

Doch herauszufinden,
Warum und woher sie sich kannten,
Das ist ihnen nicht gelungen.

DIE TÜR

Die Tür öffnet sich automatisch.
Wenn du vor ihr stehst
Und einen Augenblick wartest –
Dann öffnet sie sich.
Ganz von allein –
Weil du da bist.

Es steht auch geschrieben auf ihr:
»Automatische Tür«.
An der Wand daneben
Befindet sich ein Knopf;
Auch er ist beschrieben:
»Türnotöffnung«.

Aber die Menschen warten nicht
Und sie lesen auch nicht.
Kaum kommen sie an die Tür,
Fassen sie den Griff und reißen sie auf.
Wenn sie sich sperrt und blockiert,
Weil sie noch gar nicht bereit ist,
Dann stemmen sie sich ihr entgegen,
Sind verärgert und fluchen.
Sie zerren und drücken –
Bis sie schließlich nachgibt
Und sich mühsam zur Seite schieben lässt.

Ich, wenn ich vor ihr stehe
Und geduldig verfolge,
Wie sie sich langsam mir öffnet
In ihrer ganzen Breite,
Weiß nicht, ob ich lächeln
Oder unendlich traurig sein soll.

MOMENTUM

Immer wieder bin ich irritiert und verstört, vielleicht auch
seltsam fasziniert, wie plötzlich und leichthin mein Handeln
ein Leben zerstört. Ein kurzes Wischen mit dem Lappen, und
ohne es zu wollen, zuweilen ohne es zu wissen, vernichte ich
das Existieren von Insekten – so winzigen, dass ich ihrer bis
dato gar nicht bewusst gewesen bin.

Manche sehe ich manchmal noch fliehen, oder aber erst im
letzten Moment, wenn das Momentum der Bewegung und
Richtung schon nicht mehr aufzuhalten ist.

Ich verharre, weil es mich betrifft; und ich gewahre, dass das,
was hier im Kleinen mit diesen Insekten geschieht, ebenso
das ist, was auch im Großen und mit Menschen passiert.
Menschen, die irgendein Wirbel-Sturm-Fluten auf einmal
hinwegfegt – ganz plötzlich, einfach so, in einem einzigen
Moment.

Ich frage mich, ob das im Kleinen nicht eine ebensolche
Katastrophe ist, oder aber, ob es im Großen vielleicht ebenso
unbedeutend ist. Ich ahne, dass hier wohl beides trifft, und
womöglich ist es einzig für mein Denken ein Schrecken und
ein Widerspruch.

Ich weiß nicht, ist es ein Trug, ist es ein Traum?
Und ich bin mir nicht sicher, daraus erwacht zu sein.

Es gibt ein Gesetz, ich muss es erfüllen;
Man erwartet ein Urteil, und ich soll es sprechen.

Zwei Menschen, der eine soll sterben, der andere leben;
Und ich muss entscheiden, wen es trifft von den beiden.
Dem einen das Leben zu geben, wird es dem anderen nehmen.

Schaue ich diesen, so kann ich nicht anders, als ihn lieben.
Mit Sympathie sehe ich, was uns gemeinsam ist,
Mit Zärtlichkeit schaue ich, was an ihm eigen ist.
Ich gönne ihm sein Sein und wünsche ihm ein langes Leben.

Schaue ich jenen, so kann ich nicht anders, als ihn lieben.
Mit Sympathie sehe ich, was uns gemeinsam ist,
Mit Zärtlichkeit schaue ich, was an ihm eigen ist.
Ich gönne ihm sein Sein und wünsche ihm ein langes Leben.

Zwei Menschen, der eine soll sterben, der andere leben;
Und ich muss entscheiden, wen es trifft von den beiden.
Dem einen das Leben zu geben, wird es dem anderen nehmen.

Ich sehne, dass eine Gnade mich erlöst,
Dass ich enthoben bin und frei von dieser Last,
Dass wir im Lächeln leichthin dem entschweben
Und – ohne Geben, ohne Nehmen – ganz einfach weiterleben.

Doch es gibt ein Gesetz, ich muss es erfüllen;
Man erwartet ein Urteil, und ich soll es sprechen.

Ich weiß nicht, ist es ein Trug, ist es ein Traum?
Und ich bin mir nicht sicher, daraus erwacht zu sein.

»Verdichtungen 2013 · 1/4«
von Henning Sabo
erscheint im Frühjahr 2024 als 1. Druck der
edition kEin zWeites
kein.zweites@web.de

Herstellung und Verlag:
BoD – Books on Demand, Norderstedt

Gestaltung, Typographie und Satz in der Minion Pro:
Sven Uftring, Bad Nauheim
www.asku.de

Lektorat und Edition:
Henning Sabo, Neustrelitz
henning.sabo@web.de

ISBN 978-3-758-33190-9

MIX
Papier aus verantwortungsvollen Quellen
Paper from responsible sources
FSC® C105338